L'OMBRE DE MIRABEAU,

PIÈCE ÉPISODIQUE,

EN UN ACTE, EN VERS LIBRES.

Représentée, pour la première fois, par les Comédiens Italiens, ordinaires du Roi, à Paris, le 7 Mai 1791.

A PARIS,

Chez CAILLEAU & Fils, Imprimeur-Libraires, rue Galande, N°. 64.

1791.

PERSONNAGES.	ACTEURS.
MIRABEAU.	M. Grangé.
CICÉRON.	M. Cellier.
DÉMOSTHÈNE.	M. Damberville.
VOLTAIRE.	M. Chenard.
J. J. ROUSSEAU.	M. Solié.
MABLY.	M. Favart.
FRÉDÉRIC II, Roi de Prusse.	M. Clairval.
BRUTUS, premier Consul de Rome.	M. Ellevion.
UNE OMBRE.	M. Crétu.
Ire. OMBRE. } Pend. la Ire. Scène	Mlle. S. Renaud.
IIme. OMBRE.	Mlle. Richardi.
FRANKLIN.	
GUILLAUME TELL. } Personnages muets.	
NASSAU.	
UNE MULTITUDE D'OMBRES.	

La Scène est aux Champs Élysées.

L'OMBRE DE MIRABEAU,
PIÈCE ÉPISODIQUE.
EN UN ACTE, EN VERS LIBRES.

Le Théâtre représente les Champs Élysées.

SCENE PREMIERE.
PLUSIEURS OMBRES.

Une musique douce doit faire l'ouverture : puis des fanfares que l'on entend dans le lointain paroissent exciter l'attention des grouppes d'Ombres qui doivent être sur la Scène, au lever de la toile, & qui se rapprochent à ce bruit.

PREMIERE OMBRE.

QUI peut ainsi troubler le repos de ces lieux,
 Ce repos si délicieux
 Auquel les Ombres fortunées,
Sembloient dans ce séjour à jamais destinées ?

L'OMBRE DE MIRABEAU.

DEUXIEME OMBRE.

Eh! quoi, vous ne le savez pas?
C'est un nouveau venu.

PREMIERE OMBRE.

Qui?

DEUXIEME OMBRE.

Je vais vous l'apprendre:
En ces lieux je l'ai vu descendre,
Et les Ombres en foule ont couru sur ses pas,
Pour l'admirer, pour le voir & l'entendre.

PREMIERE OMBRE.

Eh! qu'a-t-il fait?

DEUXIEME OMBRE.

C'est, dit-on, un mortel,
Qui laisse sur la terre un regret éternel:
Qui par son éloquence, & son puissant génie,
Créait dans sa patrie un empire nouveau;
Mais il est mort..... oui..... Mirabeau,
Au milieu de sa gloire, a vu finir sa vie.

TOUTES LES OMBRES, *d'un ton triste.*

Il est mort!

(*Mirabeau paraît alors dans l'enfoncement; appercevant des Ombres, il paraît chercher à s'éloigner.*)

DEUXIEME OMBRE.

Mais, que vois-je? Il s'approche d'ici.
Oui.... C'est lui-même.... Le voici
Qui s'échappe à la multitude.

(*On voit toujours Mirabeau à travers les arbres qui forment les allées dans le fond de la décoration.*)

PREMIERE OMBRE.

A notre aspect on dirait qu'il veut fuir,

PIECE ÉPISODIQUE.

DEUXIEME OMBRE.
De ces lieux laissons-le jouir ;
Ne troublons pas sa solitude.

PREMIERE OMBRE.
Éloignons-nous : après tant de travaux,
Il est juste qu'il goûte enfin quelque repos.
(*La musique de l'ouverture reprend ; elle doit faire la transition de cette Scène à la suivante ; les Ombres se retirent.*)

SCENE II.

MIRABEAU.

ME voilà seul enfin : la paix de ces boccages
M'invite à m'arrêter sous leurs rians ombrages :
Que ce séjour est beau ! Mais pourquoi de mes jours,
Faut-il avoir sitôt vu terminer le cours ?
Je serais trop heureux dans ce charmant azile,
Si je ne sentais pas qu'ailleurs j'étais utile.
La mort m'a donc borné dans mes vastes desseins !
Ils avaient pour objet le bonheur des humains,
Les droits des nations, & leur indépendance ;
Leur estime déjà faisoit ma récompense ;
Et je n'ai pu finir ! Puisse du moins la mort
 Avoir fait taire & la haine & l'envie
  Qui toujours s'attachent au sort
De ceux dont quelque gloire environne la vie...
Ah ! dussé-je être encore en butte à tous leurs traits,
 Et voir enfin s'accomplir mes projets !
  O vous, qui deviez me survivre,
 De mes travaux illustres compagnons,
Avec la même ardeur hâtez-vous de poursuivre

La carrière qu'ensemble, hélas! nous parcourions!
Des liens de la mort mon esprit se dégage:
　　　Il s'élance au milieu de vous:
Oui, je vous vois, je vous reconnais tous,
O mes amis! achevez cet ouvrage;
Honneur de votre siècle, & qui chez nos neveux,
　　　Signalera votre courage,
Vos talens, vos vertus. Si j'en crois mon présage,
　　　S'il s'achève selon mes vœux,
De l'univers entier il sera le partage;
　Et devenu plus parfait d'âge en âge,
Il rendra les humains meilleurs & plus heureux...
Mais qui vient me troubler encore dans ces lieux?

SCENE III.

CICÉRON, MIRABEAU, DÉMOSTHÈNE.

DÉMOSTHÈNE.

DE ton arrivée imprévue,
Cicéron, Démosthène, instruits dans cet instant,
S'empressent, Mirabeau, de jouir de ta vue.

CICÉRON.

Tu t'es montré, dit-on, plus que nous éloquent;
Ah! qu'on doit regretter ton sublime talent.

MIRABEAU.

Illustres orateurs! l'amour de ma patrie,
M'inspira, comme à vous, cette ardeur, ces transports,
Ces élans qui d'un cœur libre avec énergie,
　　　Secondent les nobles efforts.
Il est vrai que sur vous j'eus un grand avantage,

PIECE ÉPISODIQUE.

CICÉRON.

Malgré tout mon orgueil, je n'en suis point jaloux.

DÉMOSTHÈNE.

L'amour propre en ces lieux ne conçoit plus d'Ombrage

MIRABEAU.

Oui, tel fut mon bonheur, je naquis après vous,
Et vous avez formé vous-même mon langage.
   Le fort d'ailleurs m'en laissa tout le tems :
    Vous n'aviez pas dans Rome & dans Athènes,
    Mes chers amis, la Bastille & Vincennes.
C'est-là, c'est dans ces tours, si chères aux tyrans,
Que tristement j'ai vu s'écouler mes beaux ans :
De mes affreux tourmens, ô ciel ! je te rends grace :
C'est-là que j'ai puisé ma force & mon audace ;
Rien n'est tel que la honte & la captivité,
Pour faire dans les cœurs germer la liberté :
Ainsi, faibles tyrans, qu'aveugle le délire,
Vos mains, vos propres mains détruisent votre empire
Seul, livré dans ces tours à la réflexion,
Quelquefois je cédais à ma douleur extrême,
Je parlais, j'adressais une imprécation
A ce pouvoir inique, à ce pouvoir suprême,
Écrasant sous son poids toute une nation :
Souvent alors, souvent je m'étonnais moi-même
    D'une éloquente expression
Qu'enfantaient la fureur & l'indignation.
Voilà, mes chers amis, voilà l'horrible école
Où j'ai su m'exercer à l'art de la parole.

DÉMOSTHÈNE.

Personne, je le vois, ne connut mieux cet art.

CICÉRON.

A ton rare talent nous n'eûmes point de part ;
La nature fit tout.

MIRABEAU.

Non, la honte & la rage
Font naître une éloquence ardente, mais sauvage,
Que les leçons, le tems ont besoin d'adoucir.
Lorsqu'enfin fatigué de me faire souffrir,
On ouvrit mes cachots, vous devintes mes guides.
 (*A Démosthêne.*)
Toi, je te comparais à ces fleuves rapides,
Qui, roulant à grands flots, entraînent dans leur cours
Les forêts & les monts. Que j'aimais tes discours!
J'osai même emprunter leur sainte véhémence,
Pour la faire servir à ma juste vengeance.
D'abord je dénonçai le plus lâche attentat
Que jamais ait flétri la dignité de l'homme;
Je dévouai l'horreur de ces prisons d'état,
Vils fléaux, inconnus dans la Gréce & dans Rome.
On frémit, sans oser encor le déclarer:
Enfin on commença du moins à murmurer;
C'était beaucoup alors. — Illustre Démosthêne!
C'est ainsi que jadis, avec plus de grandeur,
Fort de ton éloquence, à Philippe vainqueur,
Tu disputais tout seul la liberté d'Athêne.
Les efforts des tyrans contre moi ramassés,
En paix depuis ce tems, ne m'ont plus laissé vivre;
Les cruels n'ont, hélas! cessé de me poursuivre,
Qu'à l'instant où du joug les peuples trop lassés,
Guidez par la raison, les ont tous terrassés.

DÉMOSTHÊNE.

Ainsi, la liberté par vous fut donc conquise!
 Moi, je bornai jadis mon entreprise,
A prévenir, du moins à suspendre les coups,
Que Philippe vouloit lui porter parmi nous.

MIRABEAU.

Je ne te dois pas moins, Cicéron; ô grand homme!
Quel sort était le tien! tu fus nommé par Rome,

PIECE ÉPISODIQUE.

Père de la Patrie ; ah ! qu'un aussi beau nom
Eût satisfait ma gloire & mon ambition !
J'eusse pour l'obtenir sacrifié ma vie,
Que trop tôt, je le sens, le destin m'a ravie.
Ton style pur, orné, savant & gracieux,
Rendit le mien plus doux & moins impétueux :
Tes écrits pleins de force & de philosophie,
Soutinrent bien souvent mon cœur contre l'envie.
Long-tems irrésolu, flottant jusqu'à l'excès,
L'expérience enfin éclairait mes succès ;
Je n'avais plus à craindre une indigne faiblesse,
Ni de la liberté la trop fougueuse yvresse,
Quand tout-à-coup, hélas ! la mort, l'affreuse mort,
Pour prix de mes travaux, a terminé mon sort.

CICÉRON.

C'est ainsi que la tombe & s'ouvre & se referme,
Sans que de nos travaux nous atteignions le terme ;
Heureux encor du moins quand on meurt comme toi !

DÉMOSTHÈNE.

Tu fus bien plus heureux que Cicéron & moi ;
Les vils suppôts du crime & de la tyrannie
Se chargèrent du droit de nous ôter la vie ;
Il présenta sa gorge au fer des assassins :
Moi, je prévins le coup que m'apprêtaient leurs mains.

CICÉRON.

Notre mort des humains souille & flétrit l'histoire ;
Mais déploré par eux, ton trépas plein de gloire....

MIRABEAU.

Elle fut votre ouvrage : instruit par tous les deux,
C'est vos sages leçons qui m'ont rendu fameux.
Oui, de tous les pouvoirs, j'appris à votre école,
Que le plus fort était celui de la parole :
Qu'il fallait tour-à-tour, bouillants ou modérés,
Des esprits ou des cœurs nous saisir par dégrés ;

L'OMBRE DE MIRABEAU.

Et que, pour plaire mieux, le beau, même l'utile,
Empruntèrent toujours les ornemens du style :
Par sa force invincible on se laisse emporter,
A sa douceur aimable on ne peut résister :
Ah ! que la vérité, la justice est puissante,
Quand elle a pour organe une bouche éloquente !
Qui parle bien est Roi : tout cède à ses accens,
Du haut de sa tribune, il dompte les tyrans :
Mais souvent l'orateur, qu'un zèle ardent inspire,
Par la terreur glacé, se tait sous leur empire.

CICÉRON.

Où, si la liberté lui fait braver les maux,
Il en est le martyr.

MIRABEAU.

Quelquefois le héros.

(*On voit paraître à travers les arbres de l'enfoncement, Voltaire, J. J. Rousseau & Mably.*)

DÉMOSTHÈNE.

Tu l'as prouvé.

CICÉRON.

La France admira ton courage.

DÉMOSTHÈNE.

Si par nous, Mirabeau, se forma ton langage.

(*Montrant Voltaire, J. J. Rousseau & Mably, qui s'avancent.*)

Voici ceux qui, plus grands, t'apprirent à penser.

CICÉRON.

Adieu donc ; avec eux nous allons te laisser.

SCÈNE IV.

MABLY, VOLTAIRE, MIRABEAU, J. J. ROUSSEAU.

VOLTAIRE.

Nous venons tous les trois apprendre de toi même,
Un fait qui parmi nous cause une joie extrême :
Il est donc vrai qu'enfin le Français si léger,
De ses antiques fers à sçu se dégager.

MIRABEAU.

Il en doit tout l'honneur à la philosophie.

VOLTAIRE.

Je l'avais bien prédit : oui ; mais de bonne foi
Je ne m'attendais pas que cette prophétie,
S'accomplirait sitôt.

J. J. ROUSSEAU.

J'en étais certain, moi.
Quand les tyrans du crime ont comblé la mesure,
Tout-à-coup on remonte aux loix de la nature.

MABLY.

Puis calculant ensuite & les maux & le bien,
On en fait découler les droits du Citoyen.

J. J. ROUSSEAU.

Ah ! quand nous réclamions ces droits si raisonnables,
On nous faisait passer pour des sujets coupables,
Pour des séditieux.

VOLTAIRE.

Et souvent pour des foux.

L'OMBRE DE MIRABEAU.

Tout en rongeant leur frein, ils se moquaient de nous,
Ces bons Français.

J. J. ROUSSEAU.

Oui, mais cette folie
Que l'on nous supposait, eût-elle été punie,
Si l'on ne l'eut pas crainte? Haï! persécuté,
Que n'ai-je pas souffert, ô sainte vérité,
Lorsque ma bouche osa prononcer tes oracles.

VOLTAIRE.

Ce n'est qu'après l'effet que l'on croit aux miracles.
J'ai souffert à mon tour; & toi, mon cher Mably!...

MABLY.

Ils m'avaient simplement condamnés à l'oubli;
Mes écrits leur semblaient le rêve méprisable
D'un obscur insensé, moins que vous redoutable.

MIRABEAU.

Si vous fûtes tous trois méconnus, outragés,
Aujourd'hui, croyez moi, vous êtes bien vengés.

VOLTAIRE.

Ainsi les préjugés, l'odieux fanatisme
Parmi vous maintenant ont fait place au civisme!
Le Ciel en soit loué! moi, je leur ai longtems
Fait la guerre; & par fois ce fut à mes dépens.
Il me souvient encor que, pour une vétille,
Le Régent m'envoya deux ans à la Bastille.

MIRABEAU.

Elle s'est écroulée avec tous les abus.

VOLTAIRE.

Tant mieux.

MABLY.

Tant mieux sans doute.

J. J. ROUSSEAU.

Eh bien! n'en parlons plus.

PIECE ÉPISODIQUE.

Écartons loin de nous ces images pénibles
Qui répugnent aux cœurs honnêtes & sensibles:
Egayons nos tableaux: voyons dans l'avenir
Le bonheur dont la France est digne de jouir.
Rapprochons l'heureux tems où la paix, la concorde
Doit enfin succéder aux moments de discorde,
Qu'ont du produire, hélas! l'interêt, la fierté,
Et l'orgueil que peut-être on a trop irrité:
L'Olivier à la main, le vainqueur moins sévère,
Dans le vaincu bientôt ne verra plus qu'un frère!
Désormais il plaindra ses torts & ses malheurs;
Et partout l'indulgence ira chercher les cœurs.
Tous de l'égalité, plus humains ou plus sages,
Sauront tranquillement gouter les avantages:
D'abord avec franchise ils se rapprocheront;
Puis sous les mêmes Loix enfin se confondront:
C'est du moins mon espoir: que votre cœur partage
Le bonheur qu'offre au mien cette riante image!

MIRABEAU.

N'en doutons pas, Rousseau, ton vœu s'accomplira;
Du bien qui fait l'espoir de ton ame ravie,
Moi, j'ai la certitude: oui, la Philosophie
A commencé l'ouvrage; elle l'achevera.

MABLY.

On doit tout en attendre.

MIRABEAU.

    O grands hommes! c'est ell
Dont guidé par vos mains, le céleste flambeau,
Faisant partout briller sa lumière immortelle,
Répand sur l'univers un jour pur & nouveau,
Perçant de nos erreurs l'obscurité profonde,
Vos sublimes écrits ont éclairé le monde,
Et produit pour sa gloire, un si grand changement
Qui, dès longtems prévu, n'a coûté qu'un moment.

En secret, cher Mably, l'homme instruit, raisonnable,
Savait rendre justice à ta plume estimable.
Avec plus d'art, Voltaire, & bien plus de succès,
Tu préparais de loin le destin des Français ;
Ce peuple irréfléchi, de la scène idolatre ;
Devint en t'écoutant philosophe au théâtre.
Souvent tu l'éclairais dans un conte amusant ;
Ainsi le miel dérobe aux lèvres d'un enfant
Les dégouts d'un breuvage amer & salutaire.
L'art d'instruire chez toi naquit de l'art de plaire :
Du ridicule enfin adroit dispensateur,
Ton habile crayon prêtait un air moqueur
A la raison sévère. Et toi, profond génie,
Toi, dont tous les malheurs ont affligé la vie,
Cœur sensible & brûlant, ô sublime Rousseau !
La vérité guidait ton éloquent pinceau,
Les esprits courageux, & les ames ardentes
Puisaient dans tes écrits des leçons bienfaisantes.

J. J. ROUSSEAU.

Ont ils compris leur sens ?

MIRABEAU.

    Elles firent en eux
Naître aumoins le désir de rendre l'homme heureux.
C'est par vous que la France est libre.

VOLTAIRE.

     Ah, quelle gloire !

MABLY.

Comme on doit à présent bénir notre mémoire !

VOLTAIRE.

Soit mode, soit orgueil, ou soit timidité,
J'ai quelquefois des grands flatté la vanité ;
Ce fut bien malgré moi : si j'eusse cru l'orage
Aussi prêt d'éclater, j'eusse osé davantage.

PIECE ÉPISODIQUE.

Mais dis moi, les Français éclairés, courageux,
Sentent ils bien au moins ce que j'ai fait pour eux?

MIRABEAU.

En pourrais-tu douter? Ta cendre recueillie
Dans un temple au génie, au talent confacré,
Doit être dépofée enfin par la Patrie.

VOLTAIRE.

Quel honneur!

MIRABEAU.

Les Français à ce tombeau facré
La conduiront en pompe.

VOLTAIRE.

Ah! quel coup pour l'envie,
Si cet excés d'honneur prévu pendant ma vie!...

J. J. ROUSSEAU.

Eh! dis moi, les Français m'aiment ils à préfent?

MIRABEAU.

S i's t'aiment! ô Rouffeau, leur cœur reconnoiffant
Pour prix d'une vertu trop longtems méconnue,
Dans le fein de Paris t'élève une ftatue.

J. J. ROUSSEAU.

Ils m'aiment! O plaifir fi longtems défiré!
Si par moi leur bonheur fut auffi préparé,
De mes hardis travaux j'obtiens la récompenfe:
Ils m'aiment!... Ah! leur haine ou leur indifférence
A tourmenté vingt ans mon efprit affligé:
Sans doute un monument par le peuple érigé,
De l'homme qui n'eft plus eft le plus beau partage;
Mais que ce foit leur cœur qui garde mon image!
Savoir la France heureufe, être aimé des Français,
Voila quels ont été mes plus ardents fouhaits.

MIRABEAU.

Je te reconnais bien au transport qui t'enflamme ;
Etre aimé fut toujours le besoin de ton ame ;
O mes guides chéris ! c'est pour l'éternité,
Qu'en ce séjour de gloire & de félicité,
Un sort inévitable à présent nous rassemble,
Faisons le doux projet de la passer ensemble.

VOLTAIRE,

C'est bien : ne pouvant plus diriger leurs destins,
Viens rêver avec nous le bonheur des humains.

J. J. ROUSSEAU.

Oui, je sens que pour eux notre vive tendresse,
Malgré le tems, la mort, nous survivra sans cesse ;
Avec Platon, Socrate, en ces charmants bosquets,
Viens respirer un air toujours pur, toujours frais :
C'est là que notre esprit conçoit & crée un monde,
Qui se meut sans efforts dans une paix profonde ;
Dont toute l'harmonie est dans l'égalité,
Et dont toute la force est dans la liberté,
Ou, sans craindre aucun choc, tous les pouvoirs agissent,
Et quoique divisés, l'un l'autre s'affermissent,
La bonté, la douceur, la persuasion
Y sont les fondemens de la religion ;
Entre tous les enfans, des biens l'égal partage,
Fait à l'ombre des mœurs fleurir le mariage ;
Loin de leurs cœurs bannit l'orgueil ou la pitié,
Et parmi les parents rappelle l'amitié.
Le peuple, du fardeau s'étant chargé lui même,
A payer les tributs goûte une joie extrême.
La terre qui n'est point asservie aux plus forts,
En tous lieux cultivée étale ses trésors,
Libre, offerts à chacun, la paisible industrie
Sans crainte, sans remords enrichit la patrie ;
Des arts récompensez l'empire se maintient ;

On

PIÈCE ÉPISODIQUE.

On s'aime, on multiplie, on s'aide, on se soutient;
Tel est le monde heureux, enfants de ma pensée.

VOLTAIRE.

Notre société, douce & bien composée,
T'offre un rang parmi nous à ton mérite égal;
Et, pour la completter, nous attendons Raynal:
Plus fortuné que nous, il a pu voir éclore
Les fruits qu'il a semés.

J. J. ROUSSEAU.

     Qu'il en jouisse encore
Et longtems: c'est si doux.

MABLY.

      Eh mais, voici, je crois,
Le fameux Frédéric.

J. J. ROUSSEAU.
    Je m'en vais.

MIRABEAU
       Ah! pourquoi?

J. J. ROUSSEAU.

J'admirais ses talens sans aimer sa personne;
Car il était despote.

MIRABEAU.
    Ici tout se pardonne.

J. J. ROUSSEAU.

Je lui pardonne aussi, mais à quoi bon nous voir?

MABLY.

Ce grand roi, comme nous, est ici sans pouvoir,
Le souvenir du bien qu'il a fait sur la terre,
Est tout ce qui lui reste.

J. J. ROUSSEAU.
     Oui, s'il en a su faire,
Je m'en vais.

MABLY.

Je te suis.

VOLTAIRE.

Je me retire auſſi.

MIRABEAU.

Voltaire, tu pourrais du moins reſter ici;
Frédéric t'honorait, il te rendit juſtice.

VOLTAIRE.

Pas toujours, de tels Rois ſont ſujets au caprice ;
Depuis que dans ces lieux me voilà deſcendu,
Après du bon Henri je ſuis fort aſſidu;
Frédéric eſt jaloux, c'eſt pourquoi je l'évite ;
Tout grand que fut ce Roi, l'autre a bien ſon mérite ;
Il ſut auſſi combatre ; eh ! d'ailleurs la bonté
Sur tout le reſte enfin l'à toujours emporté.

___

SCENE V.

MIRABEAU. FRÉDÉRIC.

FRÉDÉRIC.

Nouvel hôte de l'Élyſée,
Sur les récits que l'on m'a faits,
Je viens d'une ardeur empreſſée,
Te voir & t'admirer de près.
Si tous ces récits ſont fidèles,
Tu vas me confirmer d'étonnantes nouvelles.

PIECE ÉPISODIQUE.

MIRABEAU.

Étonnantes sans doute.

FRÉDÉRIC.

On dit qu'en un moment,
Vous avez tout changé, loix & gouvernement ;
Les Français, je le sais, vont très-vite en affaires...
Mais celles ci pourtant...

MIRABEAU.

Sont simples & très-claires,
Depuis qu'on les expose enfin à tous les yeux,
Et qu'un voile diplomatique,
De son obscurité mystique,
Ne les dérobe plus aux regards curieux.

FRÉDÉRIC.

Mais, entre nous, mon cher, cet utile mystère
En imposait fort bien à l'ignorant vulgaire,

MIRABEAU.

Oui, mais il n'est plus de saison ;
La liberté d'écrire éclaire la raison.

FRÉDÉRIC.

Je ne m'étonne plus, la liberté d'écrire !..
C'est un droit que le peuple avait laissé prescrire.

MIRABEAU.

Il l'a repris.

FRÉDÉRIC.

La force....

MIRABEAU.

Oh ! le peuple français

N'a pas conquis ce droit pour le perdre jamais,
Il est sa sauve garde : il n'est point de puissance
Qui put le lui ravir.

FRÉDÉRIC.

Cependant la licence.

MIRABEAU.

Chaque jour on m'objecte a grands cris cet abus.
Il est grand, j'en conviens : eh quoi ! l'est-il donc plus
Que tous ceux dont l'obscure & lâche tyrannie
Enchainait la pensée, outrageait le génie :
Un écrit dangereux chez un peuple éclairé,
Par un écrit plus sage au mépris est livré.

FRÉDÉRIC.

Qu'on lise tous les miens ! J'ai su pendant ma vie,
Rendre plus d'un hommage à la Philosophie ;
Mais....

MIRABEAU.

Que tu devais donc mépriser tes sujets !

FRÉDÉRIC, *vivement*.

Eh, pourquoi ?

MIRABEAU.

Pauvre peuple, helas ! tu l'éclairais :
Toi même, sous ses yeux tu portais la lumière ;
Il redoutait encor ton pouvoir arbitraire !

FRÉDÉRIC.

Je l'exerçai toujours pour son bien, son bonheur.

MIRABEAU.

Et ton ambition. Soyons vrais, ta valeur

PIECE ÉPISODIQUE.

Te fit chercher souvent les hazards de la guerre,
Au bonheur de ton peuple était-ce nécessaire?

FRÉDÉRIC.

Soit; mais de Philosophe aussi j'obtins le nom;
Et peu de Rois l'ont eu.

MIRABEAU.

      La Révolution,
A changé les esprits; à te parler sans feinte,
Sur ce point ta mémoire a souffert quelque atteinte.

FRÉDÉRIC.

Se pourrait-il? après les soins que m'a coûté
Ma gloire, on aurait pu...

MIRABEAU.

      Dire la vérité.
Au nom de conquérant c'était peu de prétendre,
Disent les nations, tu voulus nous apprendre,
Qu'on peut être à la fois Politique, Guerrier,
Monarque & Philosophe: oh! c'est trop alier:
On obtient rarement, surtout ce dernier titre,
Lorsque du sort d'un peuple on fut le seul arbitre.
On admire ton regne, & tes exploits brillans;
Mais en rendant justice à tes rares talents,
Tranchons le mot; on dit que tu fus un Despote.

FRÉDÉRIC.

Et toi qu'étais-tu donc toi-même.

MIRABEAU.

      Un Patriote,
Implacable ennemi du pouvoir absolu.

FRÉDÉRIC, *le fixant d'un air sombre.*

Brisons là; des humains le cœur m'est trop connu.
Mais à n'envisager ici que ton système,
Crois-tu donc qu'en faveur de ce pouvoir suprême
Que la raison a su tout-à-coup renverser,
Cette même raison n'ait rien à t'opposer?
Ecoute : la nature offre à qui la contemple,
Un spectacle imposant, peut être un grand exemple,
Tout l'univers soumis à son autorité,
Reconnaît une seule & même volonté.
Jamais aucun pouvoir contre le sien ne lutte :
Elle forme à son gré les loix qu'elle exécute.
Crois-tu que les humains dans leur faible cerveau,
Puissent rien concevoir d'aussi grand, d'aussi beau,
Qu'un ordre si sublime, une marche si sûre ?
Eh! peut-on s'égarer quand on suit la nature ?
Ainsi, très-fermement, je crois qu'un potentat,
Qui seul régit, gouverne un peuple, un grand état,
De la nature y peut maintenir l'harmonie,
A quelques abus près, alors que son génie,
Avec justice, accroit ou borne son pouvoir,
Lorsqu'il connait enfin ses droits & son devoir;
Et que du centre fixe, où vers lui tout doit tendre,
Jusqu'aux extrêmités ses bras savent s'étendre.
Un Roi lorsqu'il peut tout, n'espère & ne craint rien,
Tel que l'être suprême, il ne veut que le bien.

MIRABEAU.

S'il était comme lui d'une essence parfaite,
J'en conviens ; par malheur notre ame est très-sujette
A l'erreur, aux écarts. — Tes spéculations
Ont omis seulement toutes nos passions.
Eh! sois de bonne foi, quand on pourrait admettre,
Qu'un Roi n'en aurait pas, pourrait-on se promettre,

PIECE ÉPISODIQUE.

Qu'à son exemple aussi, messieurs les courtisans,
Par un droit de leur place en seraient tous exempts?

FRÉDÉRIC.

Je n'en avais point.

MIRABEAU.

      Soit ; tu régnas sans ministres ;
Tu dérobas ton peuple à ces hommes sinistres ;
Fort bien : aussi ton règne est une exception :
Et s'il n'était souillé par trop d'ambition ;
Si du malheureux Trenck, de tant d'autres victimes,
Dont on sait les tourmens, on connaissait les crimes,
Il serait un exemple imposant à citer :
Un peuple oserait-il encore se flatter
Qu'une suite de Rois, tous égaux en mérite,
Des plus grands des mortels serait toujours l'élite ?
Commettrait-il son sort à l'imbécillité,
Au doute, à la faiblesse, à la méchanceté ?
De l'état, en courant des chances incertaines,
Devrait-il au hazard laisser flotter les rênes ?
Non ; tout condamne enfin le pouvoir absolu ;
Par-tout il faut l'abattre.

FRÉDÉRIC.

      Oh ! qu'il soit abattu,
Peu m'importe à présent. — Mais de vos assemblées
Toutes ces passions sont sans doute exilées.
Autrement, qu'auriez-vous gagné ? rien.

MIRABEAU.

       Les éclats,
Le tumulte, le bruit qu'y causent les débats,
Feraient croire souvent qu'elles y sont le guide,
Dont aux décisions l'influence préside.
Point du tout, Frédéric ; & plus l'orage est fort,
Plus le vaisseau public atteint vite le port :

Alors d'un noble orgueil les ames possédées,
Du choc des passions font jaillir les idées;
Les esprits, l'un par l'autre animés, irrités,
Pressent de toutes parts toutes les facultés.
Des passions enfin tout l'impur alliage,
Reste au fond du creuset, & la raison surnage.

FRÉDÉRIC.

C'est bien dit.

MIRABEAU.

Et c'est vrai.

FRÉDÉRIC.

Ta révolution
A dû coûter du sang & bien des travaux ?

MIRABEAU.

Non.
La raison à tout fait.

FRÉDÉRIC.

C'est le mot ; mais la chose,
Vous ne la dites pas : la véritable cause,
Qui peut seule produire un si grand changement,
Est facile à prévoir : c'est le défaut d'argent ;
Quand un Roi n'en a plus, il faut qu'il en demande ;
C'est alors que son peuple à son tour le commande.
Pour éviter ce coup, j'avois le plus grand soin
D'en réserver toujours, en cas d'un prompt besoin ;
J'avais toujours sur pied une nombreuse armée,
De qui j'étais connu, par moi-même formée,
Qui m'aimait, me craignait, qui partageait mon or,
Et m'aidait à son tour à grossir mon trésor.
Je voyais tout ; par-tout mes loix savaient atteindre,
Et, toujours obéi, je n'avais rien à craindre.
Quel pouvoir m'eut jamais vaincu ?

PIECE ÉPISODIQUE.

MIRABEAU.

        L'opinion
Qui règne sur les Rois, guide une nation,
Et lui fait rompre enfin ses indignes entraves :
Qui prouve à vos soldats qu'ils sont de vils esclaves;
Et qui, devant le peuple armé pour ses destins,
Fait tomber à l'instant les armes de leurs mains.
De ces braves guerriers la désobéissance,
Juste, dans ce cas seul a préservé la France.

FRÉDÉRIC.

Le système est certain; eh! crois-tu qu'il tiendra?

MIRABEAU.

J'en suis sûr, oui, très-sûr; la France périra,
Ou sera toujours libre.

FRÉDÉRIC.

      Eh bien, à la bonne heure :
Puisse sa destinée en devenir meilleure !
Ne crois-tu pas aussi qu'un système si beau,
Qui séduit le Français, parce qu'il est nouveau,
Désormais s'étendra, tel qu'une épidémie,
Dans l'univers entier, comme dans ta patrie?

MIRABEAU.

Je l'espère sans doute; oui, dans tout l'univers,
Des humains comme en France on brisera les fers.
En frémissant du joug, l'Europe nous contemple;
Et le succès l'invite à suivre notre exemple.

FRÉDÉRIC, *dédaigneusement & ironiquement*

J'en serais peu surpris: oui, lorsque l'on verra
Régner la liberté, tout le monde en voudra;

Dût en être l'effet ridicule ou funeste!
Le peuple voit l'instant, sans s'occuper du reste.

MIRABEAU.

Roi, respecte le peuple.

FRÉDÉRIC, *après un mouvement de surprise, mêlé de fierté.*

Il suffit; au revoir.
J'ai su ce que j'étais curieux de savoir.

(*Il va presqu'au bout du théâtre, puis revient.*)

J'admire ton esprit, tes talens, ton audace;
Comme toi, Frédéric aurait fait à ta place;
A la mienne, jaloux de son autorité,
Comme moi, Mirabeau se serait comporté.
Adieu.

Il sort.

SCENE VI.

MIRABEAU, *seul.*

Ce Roi, tout plein de son ancienne gloire,
Conserve encore ici l'orgueil de la victoire:
On peut tromper son siècle avec habileté:
On n'en impose pas à la postérité.

SCENE VII.

BRUTUS, MIRABEAU.

BRUTUS.

J'AI long-tems attendu qu'une foule indiscrète,
A la fin te laissât seul dans cette retraite,
  Pour me presenter à tes yeux.
Salut : je suis Brutus.

MIRABEAU.

    O Citoyen fameux !
Véritable Héros ? premier Consul de Rome !
Qu'il m'est doux de te voir !

BRUTUS.

    Et je vois donc un homme,
Par qui succède encor, deux mille ans après moi,
Au règne des tyrans le règne de la loi.

MIRABEAU.

Oui, la loi désormais régnera seule en France,
Le peuple souverain pourra seul la former :
  Les Rois pourront dans leur prudence,
Pour un tems la suspendre, ou bien la confirmer :
  Nous n'avons fait que réclamer
Des droits dont la raison a fondé la puissance.

BRUTUS.

Quoi ! vous avez un Roi ?

MIRABEAU.
> Chéri de tous les cœurs.

BRUTUS.
Quoi ! vous avez un roi !

MIRABEAU.
> Comblé de biens, d'honneurs,

Digne de nos respects.

BRUTUS.
> Quand sur les bords du Tybre,

Jadis un peuple esclave à ma voix devint libre,
Le premier sentiment dans les cœurs exalté,
Fut la haine des Rois & de la royauté.
Rome n'en voulut plus.

MIRABEAU.
> Elle fit bien peut-être,

Et nous avons fait encor mieux.
Par un meurtre Tarquin se rendit votre maître ;
Vos ayeux n'avaient point fait choix de ses ayeux,
> Lorsqu'en tes mains le poignard de Lucrèce,

Excita des Romains la rage & la douleur ;
> Lorsque ta voix terrible & vengeresse,

Dévouant les Tarquins à la publique horreur,
Et, de la liberté versant la sainte yvresse,
Du trône fit bannir cette indigne maison ;
> Lorsque tu juras qu'aucun homme,

Tant que vivrait Brutus, ne régnerait dans Rome,
Tous cédant au pouvoir sacré de la raison,
Jurèrent comme toi, mais quelle différence,
Entre le sort de Rome & celui de la France.
Nous avions un monarque ami de ses sujets ;
Revêtu dès long-temps, d'un pouvoir trop extrême,

Il a su s'éclairer sur leurs vrais intérêts;
Il s'en est sans efforts dépouillé de lui-même.
Un pouvoir bien plus juste à ses mains est remis,
Et tous les bons Français lui sont restés soumis.

BRUTUS.

Je n'aime point les Rois.

MIRABEAU.

Est-ce assez d'une tête?
Pour agir il lui faut un bras,
Un mouvement que rien n'arrête,
Est nécessaire à de vastes états:
Et s'il faut même ici te parler sans rien feindre,
Un peuple qui connait sa force & son devoir,
Affermissant d'un prince & réglant le pouvoir,
Peut tout espérer, & n'en a rien à craindre.

BRUTUS.

Ce langage nouveau me ravit, me surprend:
Unir par une heureuse & rare sympathie,
Les droits sacrés de l'homme avec la monarchie;
C'est sans doute un projet aussi noble que grand.
Mais,....

MIRABEAU.

Déjà le succès, Brutus le justifie.

BRUTUS.

Il se pourrait!....

MIRABEAU.

Apprends comme la royauté
Peut s'unir sans péril avec la liberté.
La France a tout détruit, & ses bases nouvelles,
Chez les peuples anciens, n'ont point eu de modèles,

Le trône à tes regards si justement suspect,
La monarchie enfin présente un autre aspect,
Et sous lequel jamais elle ne fut conçue.
Les rangs sont disparus ; cette chaîne est rompue,
Dont les nombreux anneaux, formant un seul lien,
Descendaient du Monarque au dernier Citoyen.
Par-tout l'égalité rapprochant les extrêmes,
Le peuple est près du Roi dans les nouveaux systêmes,
L'un est moins avili, l'autre moins dangereux,
Plus ils sont rapprochés, & plus ils sont heureux.

BRUTUS.

Quel Dieu vous inspira cette sublime idée ?
J'en suis jaloux.

MIRABEAU.

Le Ciel pour nous l'avait gardée.

BRUTUS.

Je n'eusse jamais cru que j'aimerais les Rois.

MIRABEAU.

Ah ! que tu chérirais le nôtre !

BRUTUS.

      Je le crois.
Libre avec un Monarque ! — O France, quel ouvrage,
Qu'il est beau, qu'il est grand !

MIRABEU.

     Ah ! que d'un tel suffrage,
Mon cœur.

BRUTUS, *avec enthousiasme*.

Viens que j'embrasse encore un Citoyen !
Non, tu ne démens pas ta haute renommée :

PIÈCE ÉPISODIQUE

Sois l'ami de Brutus. — Que mon ame est charmée
De connaitre un génie, un cœur tel que le tien !

MIRABEAU.

Que d'un pareil honneur la mienne est orgueilleuse!

BRUTUS.

Je ne sais point flatter. Ami, tu méritais
D'être Romain.

MIRABEAU.

      N'étais-je pas Français ?

BRUTUS.

J'aime cette fierté simple & non fastueuse;
 Je reconnais l'homme libre à ces traits:
  Tu me fais chérir ta Patrie.

MIRABEAU.

Ce n'est que la payer d'un trop juste retour;
Les applaudissements de la France attendrie,
Au théâtre souvent te prouvent son amour.

BRUTUS.

Oui, je sais que Voltaire à ses yeux m'a su peindre,
 Tel que je fus.

MIRABEAU.

    Il savait t'honorer.
  Si comme père il t'a fait plaindre,
Comme un vrai Citoyen il t'a fait admirer;
Ton nom est a jamais célèbre : ah ! si la France,
Par quelque effet de sa reconnaissance,
Rendait le mien illustre & cher a nos neveux...
C'est alors seulement que je serais heureux,
  Mais a présent, hélas ! se souvient-elle

L'OMBRE DE MIRABEAU.

De mes services, de mon zèle?..
Si quelqu'un arrive dans ces lieux après moi...

BRUTUS.

Eh mais, je vois un Ombre, que vers toi
Rousseau se hâte de conduire :
Sans doute elle pourra t'instruire...

SCÈNE VIII.

LES PRÉCÉDENS, J. J. ROUSSEAU, UNE OMBRE.

J. J. ROUSSEAU.

Tiens, regarde, c'est lui.

L'OMBRE.

Te voila, Mirabeau.

MIRABEAU.

Délivre-moi d'un doute.

L'OMBRE.

Ah! que ton sort est beau!

MIRABEAU.

Que pense-t-on de moi?

L'OMBRE.

Que n'as-tu vu ta gloire!
les honneurs rendus à ta mémoire.

PIÈCE ÉPISODIQUE.
MIRABEAU.
Se pourrait-il?..
BRUTUS, à l'Ombre.
Ami, raconte les moi tous.
MIRABEAU.
Ah! oui, le souvenir que nous laissons de nous,
Est ce qui chez les morts fait notre destinée.
L'OMBRE.
Que la tienne à ce prix doit être fortunée !
A peine de ta mort le bruit est répandu,
Soudain d'un peuple immense, inquiet, éperdu,
Une foule innombrable entoure ta demeure;
On se presse, on s'agite, on s'interroge, on pleure:
De cet événement on veut douter encor:
Des cris se font entendre, il est mort, il est mort...
A ces cris répétés succède un long silence,
D'une morne douleur veritable éloquence.
Le peuple semble aussi mort; les yeux sont baissés,
Les esprits suspendus, les cœurs saisis, glacés;
Mais la douleur éclate, on se mêle en tumulte;
Sans se voir ni s'entendre, on parle, on se consulte.
Le peuple ne fait trève à ces cris, à ses pleurs,
Que pour te décerner des hommages flatteurs;
De sa douleur jaloux il ferme ses spectacles;
Dans le temple où la loi prononce ses oracles,
Des meilleurs Citoyens les vœux vont s'exprimer:
I en est dont les cœurs vont jusqu'a réclamer
Qu'au Champ des Fédérés, ta cendre si chérie,
Repose sous l'Autel sacré de la Patrie.
Tristement on écoute, on délibère enfin :
Après avoir longtems déploré ton destin,
D'une voix unanime on te déclare digne
De jouir le premier de cet honneur insigne,
D'être admis par l'état dans ces tombeaux sacrés,

L'OMBRE DE MIRABEAU.

Aux plus grands hommes seuls désormais consacrés;
Le temple le plus beau dont s'honore la France,
Devait être celui de sa reconnaissance :
Le zèle, l'amitié trouble un instant le deuil ;
On dispute l'honneur de porter le cercueil
Qui renferme à présent un corps privé de vie,
Qu'animait autrefois le plus mâle génie.
Tour à tour en pleurant, des Citoyens soldats,
Avec un saint respect le portent sur leurs bras :
Ah ! que ne puis peindre une pompe funèbre
Qui doit, comme toi même, être toujours célèbre.
Vois marcher a pas lents tous nos Législateurs,
Qui suivent ton cercueil, les yeux mouillés de pleurs :
Vois tous les Magistrats, les amis du civisme ;
Tous ceux qu'unit entr'eux le vrai patriotisme ;
Les Soldats Vétérans, les Ministres du Roi,
Sa garde même. O triste & superbe convoi !
Vingt mille Citoyens y font briller ces armes,
Que tu leur as su rendre, & qu'ils baignent de larmes :
Ils y sont par devoir, mais qui pourrait compter
Tous ceux que la douleur y fait seule assister ?
De ces bons Citoyens l'affluence innombrable
Prouve, hélas ! une perte immense, irréparable ;
Ils couvrent les chemins, les arbres & les toits,
Ils veulent tous te voir pour la dernière fois.
C'est ainsi, dans ce jour mémorable & funeste,
Que la terre honorait ce qui de toi lui reste :
Le lieu de ta demeure a déja pris ton nom ;
Ta mort a dans le deuil plongé la Nation,
Pour rappeller ta perte, on veut que chaque année,
On veut qu'un deuil nouveau marque cette journée ;
Aucun Monarque enfin ne reçut tant d'honneurs ;
Et chaque jour ta tombe est couverte de fleurs.

MIRABEAU.

Ah ! c'est trop, mon attente est bien plus que remplie,

PIÈCE ÉPISODIQUE. 35

J'ai donc pu parvenir à l'immortalité !
Voila ce que mon cœur a toujours souhaité :
O mes Concitoyens ! que n'ai-je une autre vie,
A pouvoir consacrer encore à la Patrie.

J. J. ROUSSEU.

Ah ! tout ce qu'elle a fait...

BRUTUS.

Est juste & mérité.

SCENE IX.

LES PRÉCÉDENS, VOLTAIRE, GUILLAUME TELL, FRANKLIN, NASSAU, CICERON, DÉMOSTHÈNE, & une multitude d'OMBRES.

(Tous ces Personnages entrent au bruit des Fanfares.)

VOLTAIRE.

GUILLAUME TELL, Franklin, Nassau, qui sur la terre
    Ont su fonder l'égalité,
Tous les amis du peuple & de la liberté
T'expriment par ma voix leur hommage sincère :
Jamais tribut plus doux ne peut être acquitté.
    Leur admiration m'ordonne
De poser sur ton front cette simple couronne.
Le sang inpunément versé par les Guerriers,
Pour eux des écrivains la flatterie extrême,

L'OMBRE DE MIRABEAU.

Dont je fus prodigue moi même,
Ont décrédité les lauriers :
Ce chêne à ton front respectable,
O défenseur du peuple, est bien plus convenable.

(*Voltaire s'avance vers Mirabeau, & pose sur son front la couronne au bruit des fanfares.*)

CHŒUR.

Défenseur du peuple Français !
Reçois le prix de ton génie,
Il fut un des plus grands bienfaits,
Dont le ciel ait jamais,
Honoré la patrie.

Défenseur &c.

F I N.

www.ingramcontent.com/pod-product-compliance
Lightning Source LLC
Chambersburg PA
CBHW060705050426
42451CB00010B/1283